TESTING

TESTING